STEFANIA CUCCU

Storie da leggere,

storie da correggere

INTRODUZIONE
di Stefania Cuccu

Questo libro rappresenta una raccolta di testi appartenenti al genere letterario narrativo.

Alcune storie sono tratte dalle esperienze di vita dell'autrice; altre sono racconti, reali o fantastici, legati ai personaggi e alle leggende della cultura sarda.
Il libro è organizzato in due sezioni:

- la prima sezione presenta i testi accompagnati da spunti di riflessione per il lettore;

- la seconda propone gli stessi testi in forma giocosa.

È rivolto ai "bambini di ogni età", ma in particolare ai bambini della scuola primaria che potranno esercitarsi nella lettura, nel riconoscimento delle tipologie testuali e giocare con le regole della grammatica italiana.

Buon lavoro!
Stefania Cuccu

Storie da leggere,

storie da correggere

Prima sezione

LA MIA MAESTRA

La mia maestra si chiama Stefania Cuccu e ha quarantasette anni. È nata a Gesturi, un paesino della Sardegna nella provincia di Cagliari e lavora come insegnante da circa vent'anni.
È una donna alta e magra. I suoi capelli sono neri, a caschetto e con la frangetta.
Ha gli occhi piccoli, neri e qualche volta porta gli occhiali. Il suo naso è grande come il bottone di un maglione e ha la bocca ovale come un pallone da rugby.
Non si trucca quasi mai, ma io la preferisco così.
Porta sempre gli orecchini tondi e penso sia un po' sorda perché mi chiede sempre di alzare la voce quando mi sta interrogando. Durante la ricreazione, invece, sente benissimo, infatti ci chiede di fare silenzio!
La mia maestra ha il collo lungo come una giraffa; vede i miei errori da lontano!
Veste sempre in modo ordinato, ma alla fine della lezione sembra le sia passato sopra un carro armato!
Insegna bene ai bambini, ma non è molto moderna perché ha un orologio tecnologico che usa solo per guardare l'ora, come fanno le persone anziane.
Non sta mai seduta e passa tante volte tra i banchi per controllare i nostri errori, come farebbe un soldato! Io penso che abbia le gambe colorate di lividi perché mentre cammina inciampa sempre nei nostri zaini!
Quando la facciamo arrabbiare non ci punisce subito, ma ci dà tre possibilità per recuperare e poche volte riusciamo a salvarci!
La mia maestra si arrabbia solo quando ci comportiamo male, perché desidera che noi cresciamo bravi e rispettosi di noi stessi e degli altri. Per questo motivo oggi vi parlo di lei; perché sono felice che sia la mia maestra!

ORA È IL TUO TURNO!
- **Si tratta di un testo descrittivo o di una fiaba?**
- **Prendi un foglio e descrivi la tua maestra (o il tuo maestro) e se vorrai potrai anche rappresentarla (o rappresentarlo) attraverso un disegno!**

Se vorrai potrai fare il disegno relativo al racconto

NONNO ABETE E I SUOI AMICI

Era il lontano 2020, quando in tutto il mondo si diffuse un brutto virus dal nome "Coronavirus".
Gli amministratori delle città erano molto preoccupati per la salute pubblica e per evitare che i contagi si diffondessero, decisero di chiudere tutti i luoghi di incontro: scuole, negozi, ristoranti e anche i parchi per i bambini!
Fu così che i poveri alberi che si trovavano nei parchi della città cominciarono a sentirsi tanto soli, senza più i bambini che giocavano con loro.
Arrivò l'autunno, faceva tanto freddo e nonno Abete, l'albero più vecchio della città, decise di superare la solitudine accogliendo nella sua corteccia tutti gli animali in cerca di un riparo.
La voce si diffuse subito tra tutti gli animali!
Arrivò uno scoiattolo che cercava posto per passare l'inverno al caldo. Dopo aver raccolto ghiande e semi preparò la sua tana. L'albero fu contento di aver trovato un amico, ma non fece in tempo a farci due chiacchiere che lo scoiattolo si era già addormentato.
Arrivarono le formiche che salirono sino ai rami più alti, ma i piedini di quelle formiche facevano un gran solletico al vecchio albero che rise talmente forte da perdere tutte le foglie.
Venne all'improvviso uno stormo di uccelli migratori che cercava riparo prima di affrontare il lungo viaggio. Si fermarono una notte, ma alle prime luci dell'alba cominciarono a cantare per annunciare la loro partenza. Il canto di quegli uccellini fu così melodioso che anche l'albero si addormentò e dormì profondamente tutto l'inverno.

ORA È IL TUO TURNO!
- **Questo testo è reale o fantastico?**
- **Conosci il significato della parola letargo? Fai una breve ricerca su internet per scoprirne il significato!**

Se vorrai, potrai fare il disegno relativo al racconto.

I MAMUTHONES

Giacomo era un bambino di sette anni che viveva a Cagliari e amava tanto festeggiare il Carnevale in città, insieme ai suoi amici.
Quell'anno i suoi genitori decisero di portarlo a vedere il Carnevale di Mamoiada, un paesino nella provincia di Nuoro; era così felice che lo disse a tutti i bambini della scuola e anche alla maestra!
Arrivarono a Mamoiada in serata e si affrettarono a raggiungere la sfilata; si sentivano in lontananza tante voci e un forte rumore di campanacci. Giacomo vide qualcosa che a lui sembrò molto strano e pauroso. Non c'era il carro con la maschera di Pulcinella, di Arlecchino e neppure le trombette e le stelle filanti; c'erano degli uomini che avevano il volto coperto da una maschera di legno di colore nero, legata al viso mediante cinghie di cuoio. Il loro capo era coperto da un berretto, il loro corpo era coperto da pelli di pecora nera, mentre sulla schiena erano sistemati una serie di campanacci.
La mamma disse che quella era la sfilata dei Mamuthones!
Giacomo ebbe paura e si strinse forte a lei, mentre i Mamuthones procedevano con un passo cadenzato e a ritmi lenti, scuotendo i campanacci mediante un colpo di spalla.
Quella sfilata durò a lungo e la sera rientrò a casa stanco e silenzioso. Il mattino seguente andò a scuola e tutti i bambini gli chiesero di raccontare la sua esperienza. Lui, con aria triste, rispose:
- Ho avuto paura! C'erano delle maschere strane chiamate Mamuthones!
La maestra quel giorno parlò a tutta la classe dei riti della tradizione sarda. Spiegò che la sfilata dei Mamuthones non rappresenta un'allegra carnevalata, così come viene concepita nella tradizione della nostra città, ma una solenne processione composta e ordinata; quasi un corteo religioso! Secondo alcuni studiosi questo rito risalirebbe all'età nuragica come gesto di venerazione per gli animali per proteggersi dagli spiriti del male o per propiziarsi il raccolto. Altri studiosi, invece, credono si tratti di un rito che segna il passaggio delle stagioni.

I bambini restarono affascinati da questa spiegazione e anche Giacomo si sentì più sereno.
A quel punto la maestra gli chiese:
- Perché hai avuto paura dei Mamuthones e non hai paura di festeggiare Halloween dove si utilizzano maschere che rappresentano scheletri e mostri?
Lui candidamente rispose:
- Perché festeggio con i miei amici e so chi si nasconde dietro quelle maschere.
La maestra sorrise e disse:
- Da grande imparerai che le maschere più pericolose non sono quelle che mettiamo sul viso per le feste di Carnevale, ma sono quelle che la gente indossa nella vita di tutti i giorni!
Giacomo non capì quella frase, ma fu contento di aver conosciuto il significato di una festa tradizionale sarda.

ORA È IL TUO TURNO!

- **Come viene festeggiato il Carnevale nel tuo Comune?**
- **Hai mai partecipato alla sfilata dei Mamuthones? Che impressione hai avuto?**
- **Che significa per te:** *"Da grande imparerai che le maschere più pericolose non sono quelle che mettiamo sul viso per le feste di Carnevale ma sono quelle che la gente indossa nella vita di tutti i giorni!"*.

IL BATTERIO E LO SCIENZIATO

Tanto tempo fa, uno scienziato molto famoso, fece una scoperta eccezionale! Osservava i batteri al microscopio, quando, ad un tratto, uno di loro si mise a bussare sul vetrino.
- Ehi signor scienziato, vorrei parlare con lei!
Lo scienziato non credeva ai suoi occhi… anzi, alle sue orecchie!
- Dimmi piccolino, perché vorresti parlare con me?
- Sono stufo di finire nei libri di medicina che parlano di malattie!
Devi sapere che noi batteri siamo una famiglia molto grande e non tutti siamo causa di malattie!
- Di questo sono consapevole! - ribatté lo scienziato.
- Ma non è abbastanza! Noi siamo molto importanti; siamo stati i primi esseri viventi a comparire sul pianeta Terra! Miliardi di anni fa, la Terra era un'enorme palla infuocata. Fu grazie ad una pioggia di meteoriti che cominciò a raffreddarsi! Questa pioggia durò milioni di anni, portò sulla terra minuscole gocce d'acqua e di sali minerali tanto da dare origine ai mari e agli oceani. Fu proprio nell'acqua del mare che comparvero i miei antenati. Si radunarono in colonie dette Stromatoliti e, sfruttando la luce del sole, cominciarono a produrre l'ossigeno che serve a voi per respirare!
- Oh! Ma è bellissimo tutto questo!
- Noi- proseguì il batterio - siamo stati le prime forme di vita sulla Terra e grazie all'ossigeno si sono formati altri organismi pluricellulari: Trilobiti, Pesci, Dinosauri… sino ad arrivare all'Uomo! Abbiamo cioè consentito l'Evoluzione della vita sulla Terra!
- E dimmi, hai le prove di tutto questo?
- Certo! Esistono ancora delle Stromatoliti fossili, in Groenlandia!
- Ora dimmi - chiese lo scienziato - cosa posso fare per te?
- Vorrei che tu riportassi questo nei libri di storia di tutti i bambini perché senza di noi, oggi non ci sarebbe nessuno… e nemmeno tu!

Lo scienziato ci pensò un attimo e si mise subito a scrivere! Da quel giorno tutti i libri di storia raccontano dell'importante ruolo svolto dai batteri nell'origine della Vita.

ORA È IL TUO TURNO!
- Questo testo è reale o fantastico?
- Se hai la possibilità chiedi di vedere, con i tuoi compagni di classe o con la tua famiglia, un filmato sull'origine della vita e dell'universo, così conoscerai meglio la storia di cui parla il nostro amico batterio!
Se vorrai, potrai fare il disegno relativo al racconto.

FRA NICOLA DA GESTURI

A Gesturi, paese della Sardegna di circa mille abitanti, il 5 Agosto del 1882 nacque un bambino di nome Giovanni. Era il penultimo di cinque fratelli. I suoi genitori, Giovanni e Priama, erano contadini di umili condizioni, ma onesti e devoti. A soli cinque anni Giovanni divenne orfano di padre e a tredici anni morì anche sua madre. Da allora lavorò come servo presso il suocero della sorella in cambio solo di cibo e di una piccola stanzetta dove dormire. Frequentò solo le prime classi delle scuole elementari e poi lasciò la scuola per fare il contadino. A quattordici anni ricevette la prima comunione e da allora pregava e si recava spesso in Chiesa. A ventotto anni fu colpito da una grave malattia e fu proprio in questo periodo che la sua fede si fece più fervida. A ventinove anni bussò alla porta del Convento dei Cappuccini e chiese di poter diventare Frate. Padre Martino lo accettò ma volle prima verificare la serietà della vocazione di questo giovane; bastarono pochi mesi per capire che quel giovane era molto devoto a Dio e così nel 1913 Giovanni vestì l'abito di Cappuccino con il nome di Fra Nicola da Gesturi.
Trascorse la sua vita come questuante, girando per le vie della città per chiedere l'elemosina: tutti erano pronti a dargli qualcosa. Molti gli si avvicinavano per chiedergli un consiglio, un conforto o una preghiera per essere guariti. Lui accoglieva tutti, soprattutto i più poveri.
La sua opera da questuante continuò anche durante la guerra prestando soccorso alle vittime e agli ammalati; era sempre presente ovunque ci fosse bisogno di aiuto.
Uomo sempre riservato, piuttosto basso di statura, dal passo lento, gli occhi abbassati a terra, con la bisaccia e il rosario tra le mani, Fra Nicola girava per le vie della città. Non entrava mai nelle case, ma aspettava sempre sull'uscio.
La sua caratteristica peculiare era il silenzio, tanto da meritar il soprannome di "Frate Silenzio". Pronunciava poche parole e solo per necessità; era il silenzio che parlava a Dio.

Il primo giugno del 1958 si ammalò, fu ricoverato e operato d'urgenza, ma l'otto giugno volò in Paradiso.

La fama della sua santità era grande e migliaia di persone lo accompagnarono nel suo ultimo viaggio.

A Fra Nicola vengono attribuiti numerosi miracoli tanto che il 3 Ottobre 1999 fu dichiarato "Beato" da Papa Giovanni Paolo II. Oggi la Sardegna attende che gli siano riconosciuti altri miracoli affinché l'umile "Servo di Dio" venga proclamato Santo.

ORA È IL TUO TURNO!

- **Sai dirmi a quale tipologia narrativa appartiene questo testo?**
- **Conoscevi già la storia di Fra Nicola da Gesturi?**
- **Quale Santo viene venerato nel tuo Comune? Conosci la Sua storia? Se vuoi puoi cercare le informazioni chiedendo ai tuoi familiari o facendo una ricerca con la tua insegnante.**

IL BAMBINO GOLOSONE

Mario amava tantissimo mangiare i dolci e, proprio per questo, gli veniva spesso il mal di pancia.
Un giorno tornò a casa e, trovando sul tavolo un bel piatto di minestra, disse:
- Mamma scusami, ma non posso mangiare la minestra! In televisione ho sentito dire che per studiare tanto bisogna mangiare i cibi dolci!
Quella sera non mangiò nulla e andò a letto affamato.
Arrivò il babbo e si fece raccontare cosa era successo.
Dopo aver ascoltato le parole della mamma esclamò:
- Mario ha ragione!
Prese la borsa della spesa e andò in negozio ad acquistare tutto il necessario per farlo studiare.
Il bambino credette di aver trovato il giusto modo per mangiare il suo cibo preferito, ma quando il padre tornò a casa fu molto deluso e chiese:
- Papà perché hai comprato tutta questa frutta?
- Tu hai detto che i cibi dolci ti aiuteranno a studiare! - rispose il padre - Eccoti accontentato! La frutta è un cibo che contiene molto zucchero, ma quello sano! Lo zucchero che aiuta il cervello e non fa male alla pancia!
Mario capì che la sua strategia era stata inutile e pensò che mamma e papà, alla fine, hanno sempre ragione!

ORA È IL TUO TURNO!

- **Questo testo è reale o fantastico?**

- **Hai mai detto le bugie?**

- **Cosa vuole insegnarti questa storia?**

Se vorrai, potrai fare il disegno relativo al racconto.

IL 2 NOVEMBRE

Da bambina la festa che ritenevo più buffa ed originale era il 2 Novembre. Al mio paese era un rito irrinunciabile.

Il giorno precedente si puliva casa con accuratezza perché il 2 Novembre non si sarebbe potuto spazzare o sbattere i tappeti, in quanto "tutti i morti" che venivano a farci visita avrebbero potuto inciampare nelle scope o impolverarsi.

Era usanza cucinare, con molto amore, tutti i cibi che i nostri morti prediligevano in vita e la notte, dopo cena, si preparava la tavola con la tovaglia più bella, bianca e finemente ricamata. Si apparecchiava con i piatti tipici delle feste, i bicchieri e tutte le pietanze; le posate non andavano messe perché "i nostri morti" avrebbero potuto farsi male!

Tutte queste leccornie poi, le avremo mangiate a pranzo, il 2 Novembre, con gli zii, le zie e i cugini.

Ogni anno seguivo questi preparativi, immaginando danze notturne e banchetti festosi dei cari che non c'erano più.

Era, insomma, un modo tenero e romantico per ricordarli.

La sera noi bambini giravamo per le case del paese, senza alcun travestimento, a chiedere il cibo per le anime: melagrane, noci, castagne e mele. Qualcuno donava anche i dolci tipici per i morti: "le Papassine" che puntualmente arrivavano a casa in briciole, ma erano buone ugualmente.

Oggi, dopo quarant'anni, questa festa esiste solo nei miei ricordi perché quella che tutti conoscono come Halloween è una festa dove i bambini si travestono in modo macabro, bussano alle porte delle case e spesso, dietro la maschera o la frase "Dolcetto o scherzetto?", si divertono a fare gesti insignificanti come il lancio di uova marce. Forse non sanno, o forse dimenticano, che dietro quelle porte, c'è chi desidera ricordare i propri morti con un gesto, una preghiera o talvolta solo con il silenzio.

ORA È IL TUO TURNO!

- **Cosa vuole insegnarti questa storia?**
- **Come si festeggia il 2 Novembre nel tuo Comune?**
- **Come si festeggia il 2 Novembre nel mondo?**

Chiedi informazioni ai tuoi familiari oppure fai una ricerca tramite internet.

Se vorrai, potrai fare il disegno relativo al racconto.

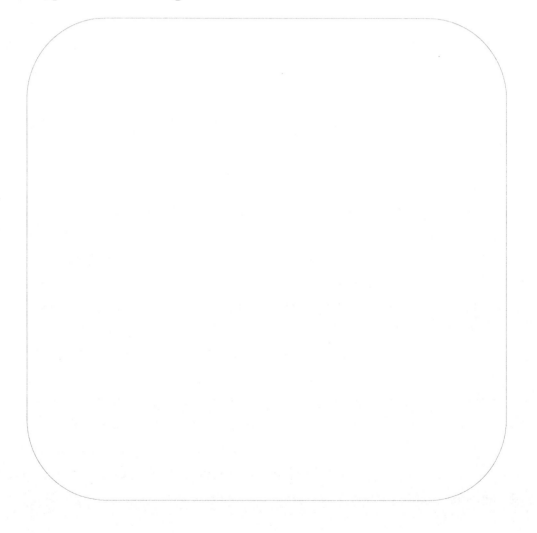

DOMENICO E IL SUO ASINELLO

Domenico era un contadino e vendeva i prodotti del suo orticello lungo le vie del mio paese.

Camminava a passo lento, un po' zoppicante, accompagnato da un asinello che portava sul dorso due ceste ricolme di verdure.

Ogni giorno si svegliava all'alba, andava in campagna a riempire le ceste, poi di rientro verso casa svegliava tutti urlando:

- Forza venite a vedere! Vi ho portato le verdure fresche!

Il suo lavoro rappresentava il vero passaggio "dal produttore al consumatore" e i suoi prodotti non avevano bisogno neppure dell'etichetta "BIO" per testimoniare l'assenza dei pesticidi; te ne accorgevi quando, aprendo le foglie della lattuga, trovavi qualche gioioso lombrico saltellante che, ignaro della sua sorte, si era fermato lì a fare uno spuntino o a dissetarsi.

Una mattina mia nonna fermò Domenico perché desiderava che io, mio fratello e i miei cugini facessimo la foto accanto all'asinello.

Non so perché ci tenesse così tanto, ma oggi, riguardando gli album di famiglia, tra le poche foto d'infanzia che testimoniano cerimonie quali battesimi, cresime e compleanni, ci sono anche quelle accanto ai fiori, agli animali e, immancabile, la foto con l'asinello!

Mia nonna non aveva la cultura e, forse, neppure i soldi per i viaggi. Ricordo che vestiva sempre di nero, in segno di lutto, come se la sua vita si fosse fermata con la morte del marito. Aveva frequentato solo la terza elementare, ma quello era il suo modo tenero e simpatico di trasmetterci l'amore per la natura.

Oggi io vivo e lavoro a Cagliari come insegnante di scuola primaria e quando i miei alunni mi mostrano le foto dei loro viaggi in giro per il mondo, sorrido pensando che alla loro età, io e i miei cugini, non avevamo ancora preso l'aereo, conoscevamo il mondo solo attraverso i libri e la nostra vera star era l'asinello di Domenico!

ORA È IL TUO TURNO!

- **Si tratta di un testo reale o fantastico?**
- **Conosci il significato della frase "dal produttore al consumatore"?**
- **Sai spiegare cosa sono i cibi biologici?**
- **Cosa vuole insegnarti questa storia?**

Se vorrai, potrai fare il disegno relativo al racconto.

SA MAMA 'E SU SOLE (la mamma del sole)

Giuseppe era un bambino di otto anni che viveva in un paesino del centro Sardegna. Ogni estate, dopo la chiusura della scuola, passava il pomeriggio a sfrecciare in bicicletta nelle vie del paese con il suo amico Efisio.
Si divertivano da matti! In quelle ore di caldo non c'era nessuno. Spesso le temperature superavano i quaranta gradi e la gente si ritirava al fresco delle proprie case.
Un giorno Giuseppe andò a chiamare il suo caro amico per il solito giro in paese, ma Efisio si rifiutò di uscire; sua nonna gli aveva detto che a quell'ora girava "Sa Mama 'e su Sole" che inseguiva i bambini disobbedienti per punirli.
Giuseppe non credeva a queste cose e incurante dei rimproveri di sua madre e delle paure del suo amico, continuava a sfrecciare in bicicletta. Quella sera però cominciò a sentire i brividi di freddo. La mamma lo mise subito a letto, chiamò il dottore, il quale confermò che Giuseppe aveva la febbre e che sarebbe dovuto stare a riposo per qualche giorno.
- È stata "Sa Mama 'e su Sole"! - urlava Giuseppe.
- È stata lei! Lo ha detto la nonna di Efisio!
Tutti pensarono che stesse delirando. Solo la sua anziana nonna capì il significato di quelle parole e disse:
- In Sardegna esiste una leggenda che narra di una donna bellissima che appare d'estate dopo mezzogiorno fino alle sedici circa, le ore più calde della giornata. La leggenda dice che se "Sa Mama 'e su Sole" incontra un bambino per strada a giocare, disobbedendo ai genitori, lo rincorre sino a raggiungerlo, gli tocca la fronte lasciandogli un segno e subito il bambino viene assalito da una febbre che dura alcuni giorni.
 Vedi Giuseppe quella è solo una leggenda, ma ha un fondo di verità. Il caldo sole d'estate può provocarti un'insolazione e darti la febbre; oggi ne hai avuto la prova!
Allora la mamma sorrise e gli disse:

- Stai tranquillo! L'unico segno in fronte che riceverai stasera sarà il mio bacio che ti darò nonostante tu sia stato disobbediente. E ti prometto che te ne darò tanti altri sino a farti guarire.

ORA È IL TUO TURNO!

- Questo testo è una delle tante leggende della Sardegna, la conoscevi?
- Qual è il messaggio che vuole trasmettere?
- Conosci una leggenda tipica della tua Regione?

Se vorrai, potrai fare il disegno relativo al racconto.

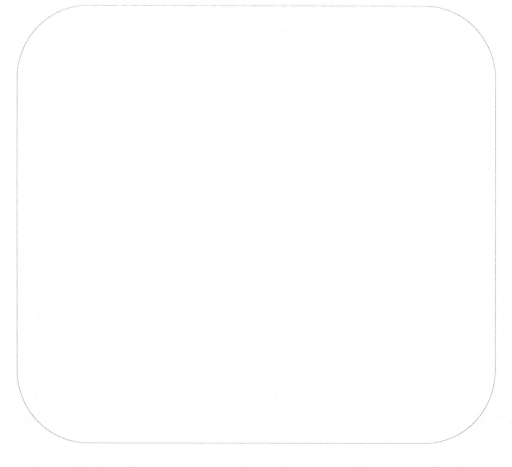

UNA LEZIONE DI CIVILTÀ.

In una città della Germania, ogni mattina c'era un gran chiasso di auto impazzite, automobilisti frettolosi che litigavano per i parcheggi e pedoni impertinenti che attraversavano senza badare alle strisce pedonali.
I semafori della città, stanchi di assistere a queste scene, si misero d'accordo per dare a tutti una bella lezione.
Una mattina, coloro che si affrettavano lungo le strade della città, trovarono i semafori addormentati con un occhio rosso acceso e dovettero fermarsi. Si fermò l'auto del sindaco, quella della maestra, la moto del fornaio e il pulmino della scuola. Tutti attendevano che quei semafori si decidessero ad accendere l'occhio verde e a dare il via libera, arrabbiandosi e urlando a squarciagola, ma i minuti passavano e niente succedeva.
A un certo punto nessuno ebbe più voglia di urlare e di arrabbiarsi; si fermarono e chiacchierarono amichevolmente. Fu allora che i semafori, vedendo che in città era tornata l'armonia, decisero di svegliarsi e di regolare serenamente il traffico delle automobili e dei pedoni.

ORA È IL TUO TURNO!

- **Questo testo è reale o fantastico?**
- **Hai mai visto un semaforo "addormentato"? Che cosa è successo?**
- **Cosa vuole insegnarti questa storia?**

Se vorrai, potrai fare il disegno relativo al racconto.

ANTONIO E LE SUE POESIE

In Sardegna c'è una storia meravigliosa che forse in pochi conoscono. È la storia di uomo di nome Antonio, innamorato della sua Terra e delle sue poesie in lingua sarda.

Era così appassionato della lingua e delle poesie in lingua sarda che andava in giro per le feste popolari, ascoltava le poesie della tradizione che venivano improvvisate durante le feste e le trascriveva nei suoi quaderni. Li pubblicava a sue spese e poi li vendeva in giro per le piazze.

Girava l'isola con una Panda vecchia e mal funzionante.

Dormiva lì insieme a una valigia di cartone piena di libretti; era la sua casa e la sua libreria viaggiante.

Partecipava ad ogni festa paesana dove stendeva un lenzuolo bianco, posava sopra i suoi libretti di poesie e li vendeva guadagnandoci poco o nulla, ma ad Antonio non interessava il guadagno; interessava tramandare la lingua sarda attraverso le poesie!

Lo ha sempre fatto in silenzio sino al giorno della sua morte avvenuta nel 2003, all'età di settantotto anni.

Oggi, quella valigia di cartone, è diventata la memoria più preziosa della cultura sarda e viene custodita gelosamente nel museo della città.

ORA È IL TUO TURNO!

- Riassumi il racconto sul tuo quaderno.

- **Come immagini Antonio?**

IL SEGRETO DELLA FELICITÀ

Un giorno, nel cortile della scuola avvenne un fatto davvero brutto. Durante l'ora di ricreazione i bambini giocavano ad acchiappare. Era un gioco ad eliminazione e solo uno di loro sarebbe stato il vincitore!
A un certo punto Luigi diede un calcio a Marco. Intervennero Federico e Luca in difesa di Marco e gettarono a terra Luigi.
Prima che si scatenasse il finimondo, la maestra intervenne e portò in classe i suoi alunni.
I bambini cercarono di spiegare il loro comportamento, ma lei non volle sentire nessuna giustificazione; chiese ad ognuno di loro di scrivere, su un foglio, il comportamento peggiore messo in atto in quella giornata.
Luigi scrisse:
- Ho dato un calcio a Marco perché mi ha guardato con aria di sfida!
Marco scrisse:
- Ho riso di Luigi perché volevo scherzare!
Federico e Luca scrissero:
- Ho spinto a terra Luigi perché volevo difendere Marco.
La maestra prese i fogli e strappò la parte che iniziava con la parolina "perché" e poi li riconsegnò a ciascun bambino dicendo di riflettere sulle loro azioni.
Luigi disse:
- Ho dato un calcio a Marco.
Marco sussurrò:
- Ho preso in giro Luigi.
Federico e Luca dissero:
- Ho spinto a terra Luigi.
I bambini rilessero quelle frasi e capirono quanto fossero stati offensivi quei gesti; come era potuto succedere?
- Maestra perché hai strappato la parte dove ciascuno di noi spiega il motivo del

suo gesto?- chiese Luca.

Lei si sedette accanto a loro e con voce pacata rispose:

- Perché la violenza non ha nessuna giustificazione. Un gesto violento richiama altra violenza e le conseguenze possono essere molto più gravi del gesto che lo ha generato!

Imparate a rispettare ogni persona che incontrate nel vostro cammino; questo è il segreto della felicità.

ORA È IL TUO TURNO!

- **Hai mai litigato con un compagno?**
- **Come ti sei sentito?**
- **Secondo te qual è il significato della frase** *"un gesto violento richiama altra violenza"*
- **Cosa vuole insegnarti questa storia?**

LA STORIA DELL'ALBERO

Fabio era un bambino di dieci anni che amava tanto girare per i boschi. Un pomeriggio d'estate si addormentò sotto un grande albero. A un certo punto sentì una vocina:
- Ciao Fabio, come stai? Io sono il vecchio albero del bosco!
- Ma allora tu sei vivo!- esclamò meravigliato Fabio.
- Sì, io respiro, mi nutro, cresco, invecchio e muoio.
- Hai paura di morire?- chiese Fabio.
- Assolutamente no! Quando morirò, con i miei rami riscalderò le persone con il fuoco del camino mentre con il mio tronco darò vita agli arredi delle case e agli strumenti musicali. Ma soprattutto darò vita a quei fogli di carta che voi usate nei vostri quaderni e che sfogliate quando leggete un libro! E ti svelo un altro segreto; la mia carta può essere riciclata! Quindi anche dopo l'utilizzo potrò essere rilavorata per dar vita ad altri oggetti di carta!
Fabio lo guardò stupito. Non avrebbe mai pensato che un albero potesse essere così utile. Decise di portare a scuola un grande contenitore dove raccogliere tutti i fogli usati perché potessero essere riciclati.
Aveva capito che quello era il modo migliore per mantenere sempre vivo il suo amico albero.

ORA È IL TUO TURNO!
- **Sai dirmi perché l'albero è un essere vivente?**
- **Sai dirmi qual è l'importanza degli alberi per gli esseri viventi?**
- **Sapresti spiegare il significato del termine "riciclare"?**

Se vorrai, potrai fare il disegno relativo al racconto.

UN ANGIOLETTO DI NOME LORENZO

Qualche anno fa, a Taranto, una bella città della Puglia che si affaccia sul mare, viveva una signora di nome Ilia.
Ilia era una donna di circa sessant'anni, bella ed elegante. Amava l'arte e in gioventù aveva insegnato nei licei.
Era rimasta vedova molto presto e aveva cresciuto da sola due splendidi figli che ora non vivevano più con lei; si erano trasferiti in altre città per motivi di lavoro, ma ogni fine settimana andavano a trovarla.
Un brutto giorno Ilia si ammalò e dopo pochi mesi salì al cielo lasciando una profonda tristezza nei figli e in tutti coloro che la conoscevano. Una volta arrivata in Paradiso le capitò di parlare con Dio.
- Signore mio Dio, perché mi hai voluto in Cielo così presto?- chiese.
- Perché ho bisogno del tuo aiuto nel crescere questi angioletti!- rispose il Signore mostrandole una distesa infinita dove giocavano i piccoli angeli. Ilia ne fu entusiasta e iniziò il suo lavoro con amore materno. Si affezionò in particolare a uno di loro di nome Lorenzo. Lorenzo era un po' dormiglione ma molto affettuoso, così andò dal Signore e Gli disse:
- Signore mio Dio vorrei che tu mandassi questo angioletto sulla Terra a fare compagnia a mia figlia! Lei dovrà affrontare delle prove molto difficili in questi anni e avrà bisogno di lui!
Il Signore acconsentì e fu così che Lorenzo scese sulla Terra.
Nacque il 21 di Marzo 2012 e portò una grande gioia a tutta la famiglia.
Nacque il giorno in cui si festeggia l'inizio della primavera, quando il Sole abbraccia la Terra e il suo calore risveglia la natura, per ricordarci che nella nostra vita non importa quanto lungo e freddo sia stato l'inverno; ci sarà sempre una nuova primavera che ci attende per riscaldarci il cuore.

ORA È IL TUO TURNO!
- **Questo testo è reale o fantastico?**

- **Quale messaggio vuole trasmetterti?**
- **Come immagini l'angioletto Lorenzo? Prova a disegnarlo!**
- **Riassumi il testo sul tuo quaderno.**

IL CICLO DELL'ACQUA

Camilla era una bambina di otto anni che frequentava la classe terza della scuola primaria. Amava la scuola, i compagni e soprattutto amava imparare tante informazioni che riassumeva minuziosamente ai suoi genitori.
Un giorno, però, terminò la lezione insoddisfatta; aveva sentito dire dalla maestra che l'acqua che forma i nostri mari e i nostri oceani esiste da miliardi di anni!
- Ma com'è possibile?- pensava Camilla.
Tornò a casa, raccontò tutto alla mamma e si mise subito alla ricerca di informazioni su internet. Le sue ricerche diedero lo stesso esito: "l'acqua che forma i nostri mari e i nostri oceani esiste da miliardi di anni".
Quella notte non riuscì a dormire!
Il mattino seguente l'insegnante di scienze portò a scuola un fornello elettrico, una pentola e un coperchio. Accese il fornello, vi posizionò una pentola d'acqua e preparò la lavagna per la spiegazione. Dopo qualche minuto l'acqua cominciò a bollire e dalla pentola uscì una grande nuvola di vapore. A quel punto mise il coperchio sulla pentola e tutti i bambini videro il vapore condensarsi in enormi gocce d'acqua.
L'insegnante disse che questo fenomeno avviene anche nei nostri mari e nei nostri oceani; grazie al calore del sole l'acqua evapora e sale in alto nel cielo, dove, scontrandosi con l'aria fredda, forma le nuvole. Queste enormi masse d'acqua torneranno sulla Terra sotto forma di pioggia.
Ecco svelato il mistero!
Camilla rientrò a casa felice perché aveva imparato un'altra informazione utile a comprendere il miracolo della vita.

ORA È IL TUO TURNO!
- Potresti ripetere l'esperimento della maestra a casa con i tuoi familiari, o in classe con la tua insegnante?

- **Riassumi il ciclo dell'acqua e rappresentarlo attraverso un disegno.**

IL SOGNO DI MARIO

Mario aveva sette anni quando nel 2020 il Covid fece la sua comparsa nel mondo. Fu un anno molto difficile da affrontare per adulti e bambini. Molti persero il lavoro e lui perse la possibilità di vedere i suoi compagni di classe per ben tre mesi! Le scuole erano chiuse e si faceva la didattica a distanza. Ma la didattica distanza non gli piaceva; desiderava sentire le voci dei compagni, le loro risate, incrociare i loro sguardi, sentire le spiegazioni delle maestre e, qualche volta, sentirne anche i rimproveri!

A Settembre il Sindaco annunciò che avrebbero riaperto le scuole. Mario fu felicissimo! Sapeva che molte cose sarebbero cambiate: l'obbligo di tenere le mascherine, la distanza tra i compagni, i banchi monoposto, l'impossibilità di fare giochi di squadra… tante regole e tanti divieti ma l'importante era stare con i compagni!

Un giorno si addormentò e sognò di ritrovarsi nell'anno 2022. Un anno bellissimo! Il Covid era scomparso e tutti potevano abbracciarsi e stare insieme. Si poteva fare festa, ballare e giocare con tanti amici. Era fantastico!

Ad un tratto la sveglia suonò e lui dovette risvegliarsi.

Come ogni giorno, dopo la doccia fece colazione, preparò il suo zaino e si mise la mascherina. Era stato solo un sogno, ma Mario era felice perché, in cuor suo, sapeva che quel sogno si sarebbe avverato.

ORA È IL TUO TURNO!

- **Come immagini la tua vita quando il virus sarà sconfitto? Racconta sul tuo quaderno...**
-Prova a scrivere una lettera al Coronavirus...cosa vorresti dirgli?

Se vorrai, potrai fare il disegno relativo al racconto.

L'AMORE CHE CURA

C'era una volta una signora di nome Germana che viveva in un paesino di pochi abitanti, al centro della Sardegna. Aveva settant'anni ed era molto sola e triste; sua figlia e i suoi nipoti vivevano in Australia e non li vedeva molti anni. Da quando erano partiti non usciva più di casa, non vedeva più il sole e la sua vita era diventata davvero grigia! La casa era grigia, i vestiti erano grigi e persino i fiori del suo giardino! E pensate che quando apriva le finestre della sua casa, anche il sole aveva paura di entrare per portare un po' di luce!
Un giorno sentì dire al telegiornale che il sindaco aveva trasformato una vecchia casa abbandonata in un orfanotrofio. Sentì subito il suo cuore battere forte. Qualcosa si era risvegliato dentro di lei come un raggio di sole che lentamente cominciava a riscaldare. Cominciò a portar giù dalla soffitta tutti i vestitini che aveva comprato per nipotini e che non aveva mai potuto consegnare... e poi giocattoli, coperte e scarpe!
Mentre riempiva gli scatoloni, pian pianino la casa cominciava a riacquistare i suoi colori; le pareti color arancione come il sole al tramonto, i mobili verdi come i prati e le tende celesti come il cielo!
Ma non le sembrava abbastanza. Decise di preparare delle ciambelle e... che sorpresa! Sentì nuovamente il profumo delle cose buone che preparava quando c'erano i suoi nipotini!
Quando andò all'orfanotrofio a portare i doni fu accerchiata da tantissimi bambini che le donavano baci, abbracci e sorrisi. Il suo cuore si riempì di gioia. Era da tanto che non si sentiva così felice!
Da quel giorno decise di passare le sue serate in loro compagnia per leggere delle fiabe.
Una sera, mentre stava andando via, un bambino le chiese come mai facesse tutto questo senza ricevere nulla in cambio. Germana sorridendo rispose:
- Forse sei troppo piccolo per capire, ma ricorda che un semplice gesto di generosità genera un'onda d'amore infinito che tornerà a chi lo ha donato!

Oggi mi state regalando quello che pensavo di aver perso: l'amore! Domani, quando sarete grandi e non sarò più con voi, seguirete l'esempio che vi ho dato; saprete donare amore a chi ne avrà bisogno e così terrete il mio ricordo sempre vivo dentro di voi.

ORA È IL TUO TURNO!

- Insieme ai tuoi compagni o ai tuoi familiari rifletti sul significato delle parole di Germana: *"un semplice gesto di generosità genera un'onda d'amore infinito che tornerà a chi lo ha donato!"*.
Se vorrai potrai scrivere sul quaderno, o via mail, le tue riflessioni. Sarò felice di ricevere il tuo lavoro!

LA FORZA DELLA NATURA

Un giorno la maestra lesse una storiella ai bambini della sua classe e tutti ascoltarono con attenzione:

- C'era una terra in mezzo al mare, distante da tutto e povera d'acqua.

Era talmente povera d'acqua che i letti dei fiumi erano scomparsi e non si sapeva neanche più che un tempo erano stati i letti dei fiumi. E quelle che erano le foci dei fiumi venivano confuse con le insenature del mare.

In questa terra in mezzo al mare dove l'acqua non c'era, non crescevano più gli alberi forti e robusti che un tempo abbracciavano le montagne. Era talmente arida che, quando pioveva, era come se piovesse sulla roccia.

Un giorno una famiglia di pastori, ignara dei pericoli, si trasferì in quelle vallate cercando un pezzo di terra dove poter allevare il suo gregge. E con loro si trasferirono tante altre famiglie. Costruirono le case, i ponti e le strade lungo i vecchi letti dei fiumi ormai scomparsi e vivevano sereni nel loro villaggio. Vivevano di pastorizia, allevamento e dei prodotti della trasformazione del latte.

Passarono gli anni e un brutto giorno arrivò un temporale così forte che costrinse la gente a fuggire dalle case.

La terra non assorbiva più l'acqua che, accumulandosi nel terreno, scendeva a valle come un fiume, portando con sé il fango delle montagne e travolgendo tutto ciò che trovava. Il fiume cercava la sua strada verso il mare su quei vecchi letti dimenticati, portando via tutto ciò che trovava nel suo cammino: case, ponti, spiagge e strade. La gente si salvò cercando riparo nei villaggi vicini, ma le loro case furono distrutte.

Lorenzo ascoltava la storia e interruppe la maestra chiedendo:

- Perché la natura è stata così cattiva con quelle persone? Perché ha distrutto le loro case?

La maestra disse:

- Lorenzo, se tu andassi via dalla tua casa per qualche anno e al tuo rientro trovassi delle persone sconosciute che vivono serenamente nella casa che hai

lasciato, cosa faresti?
- Chiederei gentilmente di andar via… magari le aiuterei a trovare altre case… insomma cercherei in tutti i modi di riprendere i miei spazi!
- Ecco, la natura ha fatto proprio questo. Dapprima la pioggia ha dato dei piccoli segnali: frane e smottamenti del terreno. Negli anni ha dato dei segnali più importanti: ha riempito le strade allagandole come dei fiumi, ma la gente continuava a vivere in quel villaggio ignara dei pericoli più grandi che avrebbe potuto trovare. Un brutto giorno però, il fiume ha ripreso il suo cammino lungo il suo letto abbandonato portando via con sé anche le case.
A quel punto Lorenzo disse:
- La natura non è cattiva, ma insegna che dobbiamo sempre rispettare tutto ciò che ci offre.

ORA È IL TUO TURNO!

- **Questo testo è reale o fantastico?**
- **Cosa ti ha insegnato questo racconto? Discutine con i tuoi familiari o con i tuoi insegnanti.**
- **Come immagini questo paese? Prova a disegnarlo!**

LOLLÒ

La sorella di mia nonna si chiamava Elisabetta, ma noi l'abbiamo sempre chiamata Lollò, come succede quando i bambini, non riuscendo a pronunciare un nome, lo trasformano. Ecco, in quel caso, quella trasformazione era diventata il suo vero nome.
Era nata in una famiglia di contadini ed era la più piccola di cinque figli. Pare che da bambina abbia frequentato la scuola elementare con ottimi risultati e che abbia ripetuto due volte la terza elementare perché i genitori non sapevano dove e con chi lasciare la bambina durante il lavoro nei campi.
Lollò era una donna molto piccola di statura, ma molto bella, gentile e amorevole con tutti; nei trent'anni che ho vissuto accanto alla sua casa penso di non averla mai vista arrabbiata.
La sua casa era un parco giochi per tutti i bambini del vicinato. Non c'erano i giochi che oggi si comprano nei negozi, ma c'era la vita vera! Ricordo bene il pollaio, dove si poteva dar da mangiare alle galline e raccogliere le uova; il granaio, dove i bambini giocavano a costruire castelli e nuotavano in mezzo al grano; la fontana, da cui attingere l'acqua per innaffiare l'immenso giardino durante le estati calde; le anatre, di cui avevamo sentito parlare solo sui libri!
A fine agosto arrivavano anche le mandorle! E il mio ricordo va alle serate estive, quando, seduti attorno a un tavolo per separare le mandorle dai gusci, ci si divertiva a raccontare gli aneddoti dei nostri avi.
E che dire del trattore dove noi bambini avevamo l'onore di sedere quando, in periodo di vendemmia, si tornava dalla campagna con le cassette piene di uva? Passavamo il viaggio ad allontanare le vespe che ci ronzavano nelle orecchie!
C'era sempre tanto da fare e tanto da dare perché Lollò era molto generosa con tutti.
Non so bene come e quando iniziò il suo declino, so solo che un giorno mi dissero che aveva l'Alzheimer. Io ormai mi ero trasferita a Cagliari per studiare.
Lollò iniziò a non ricordare più e a non avere appetito. Allora le dissi che l'avrei

portata a Roma a vedere il Papa e questo la convinse, ancora per poco, a mangiare.

Per rendere la cosa più credibile le comprai un cappellino con i fiorellini e delle scarpe colorate dicendole che quelle sarebbero servite per andare nella città del Vaticano; lei mi guardava e sorrideva.

Poi arrivò la debolezza, il ricovero in ospedale e il suo cuore si indebolì.

Una mattina pensai di preparare tutto per andare a trovarla. Passarono pochi minuti e cominciai a sentire un forte dolore al cuore. Mi sedetti e aspettai che si calmasse prima di riprendere il viaggio, ma lei mi aveva preceduto. Dall'ospedale chiamarono per dirmi che era volata in cielo; il suo cuore era ormai stanco.

Non so se esiste qualcosa che lega le persone anche se sono distanti; credo però che quel dolore al cuore non fosse casuale. Per me fu come un sentire il suo dolore dentro il mio cuore.

Due mesi dopo la sua scomparsa, anche Papa Giovanni Paolo II volò in Cielo e oggi io immagino Lollò seduta al Suo fianco, vestita col cappellino a fiori e le scarpette eleganti, a pregare e a regalare sorrisi come faceva qui sulla Terra.

Ora è il tuo turno!

- Conosci, o hai conosciuto, una persona tanto gentile e generosa che vorresti descrivere?
- In che modo un bambino può dimostrare gentilezza e generosità verso i compagni?

Grazie per aver terminato questa prima sezione.

Ricorda che se vorrai potrai mandarmi i tuoi disegni, i tuoi pensieri o
le tue riflessioni all'indirizzo mail:
stefaniacuccu@gmail.com .

Io sarò qui ad aspettarti!

SECONDA PARTE

In questa sezione troverai gli esercizi grammaticali da eseguire sul libro o sul quaderno.

Buon lavoro!

ESERCIZIO 1:

- Sottolinea in rosso gli aggettivi presenti nel testo.
Ad esempio: "alta", "magra"
Quanti aggettivi hai sottolineato?
Trovane almeno 20 su un totale di 33!
- Sottolinea in verde le parole che contengono le doppie e riscrivile nelle righe che troverai alla fine del testo. Ad esempio: "Cuccu", "quarantasette", "anni".
Quante parole hai trovato?
Trovane almeno 35 su un totale di 42!

LA MIA MAESTRA

La mia maestra si chiama Stefania Cuccu e ha quarantasette anni. È nata a Gesturi, un paesino della Sardegna nella provincia di Cagliari e lavora come insegnante da circa vent'anni.

È una donna alta e magra. I suoi capelli sono neri, a caschetto e con la frangetta.

Ha gli occhi piccoli, neri e qualche volta porta gli occhiali. Il suo naso è grande come il bottone di un maglione e ha la bocca ovale come un pallone da rugby.

Non si trucca quasi mai, ma io la preferisco così.

Porta sempre gli orecchini tondi e penso sia un po' sorda perché mi chiede sempre di alzare la voce quando mi sta interrogando. Durante la ricreazione, invece, sente benissimo infatti ci chiede di fare silenzio!

La mia maestra ha il collo lungo come una giraffa; vede i miei errori da lontano!

Veste sempre in modo ordinato, ma alla fine della lezione sembra le sia passato sopra un carro armato!

Insegna bene ai bambini, ma non è molto moderna perché ha un orologio tecnologico che usa solo per guardare l'ora, come fanno le persone anziane.

Non sta mai seduta; passa e ripassa tra i banchi per controllare i nostri errori come farebbe un soldato! Io penso che abbia le gambe colorate di lividi perché mentre cammina inciampa sempre nei nostri zaini!

Quando la facciamo arrabbiare non ci punisce subito, ma ci dà tre possibilità per recuperare e poche volte riusciamo a salvarci!

La mia maestra si arrabbia solo quando ci comportiamo male, perché desidera che noi cresciamo bravi e rispettosi di noi stessi e degli altri. Per questo motivo oggi vi parlo di lei; perché sono felice che sia la mia maestra!

Trascrivi qui o sul quaderno le parole con le doppie:
Cuccu, quarantasette, anni,

ESERCIZIO 2:

- Correggi le parole sbagliate e riscrivile, in forma corretta, tra le parentesi. Ad esempio: cuando (quando)

NONNO ABETE E I SUOI AMICI

Era il lontano 2020, *cuando* (quando) in tutto il mondo si diffuse un brutto virus dal nome "Coronavirus".

Gli amministratori delle città erano molto preoccupati per la salute *publica* (_____) e per evitare che i contagi si diffondessero, decisero di chiudere tutti i luoghi di incontro: scuole, *negozzi* (_____), ristoranti e anche i parchi per i bambini!

Fu così che i *poferi* (_____) alberi che si trovavano nei parchi della *citta* (_____) cominciarono a sentirsi tanto soli, senza più i *banbini* (_____) che giocavano con *l'oro* (_____).

Arrivo (_____) l'autunno, faceva tanto freddo e nonno Abete, l'albero *piu* (____) *vechio* (_____) della *citta* (_____), decise di superare la solitudine accogliendo nella sua *cortecia* (_____) tutti gli animali in cerca di un riparo.

La voce si diffuse subito tra tutti *li* (_____) animali!

Arrivo (_____) uno *scogliattolo* (_____) che cercava posto per passare *linverno* (_____) al caldo. Dopo aver raccolto *giande* (_____) e semi *preparo* (_____) la sua tana. *Lalbero* (_____) fu contento di aver trovato un amico, ma non *fecie*

(_____) in tempo a farci due chiacchiere che lo *scogliattolo* (_____) si era *gia* (_____) adormentato (_____).

Arivarono (_____) le formiche che salirono sino ai rami *piu* (____) alti, ma i piedini di *cuelle* (_____) formiche facevano un gran solletico al vecchio albero che rise talmente forte da perdere tutte le *foie* (_____).

Venne all'improvviso uno *storno* (_____) di uccelli migratori che *ciercava* (_____) riparo prima di *afrontare* (_____) il lungo *viaggo* (_____). Si fermarono una notte ma alle prime luci dell'alba *comincarono* (_____) a cantare per annunciare la loro partenza. Il canto di *quegli* uccellini fu così *merodioso* (_____) che *ance* (_____) l'albero *sì* (____) *addormento* (_____) e *dormi* (_____) profondamente tutto *linverno* (_____).

ESERCIZIO 3:

- *Correggi le parole sbagliate e riscrivile, in forma corretta, tra le parentesi. Ad esempio cagliari (Cagliari).*

I MAMUTHONES

Giacomo era un bambino di *sete* (_____) anni che viveva a *cagliari* (Cagliari) e amava tanto festeggiare il Carnevale in città, insieme ai suoi amici. Quell'anno i suoi genitori decisero di portarlo a vedere il Carnevale di Mamoiada, un paesino nella provincia di Nuoro; era *cosi* (_____) felice che lo disse a tutti i bambini della scuola e anche alla maestra!

Arrivarono a *mamoiada* (_____) in serata e si *afrettarono* (_____) a raggiungere la sfilata; si sentivano in lontananza tante voci e un forte rumore di campanacci. Giacomo vide qualcosa che a lui sembrò molto strano e pauroso. Non *cera* (_____) il carro con la maschera di Pulcinella, di Arlecchino e neppure le trombette e le stelle filanti; c'erano degli uomini che avevano il volto coperto da una maschera di *legnio* (_____) di colore nero, legata al viso mediante cinghie di *quoio* (_____). Il loro capo era coperto da un *beretto* (_____), il corpo era coperto da pelli di pecora nera, mentre sulla schiena erano sistemati una serie di *campanaci* (_____).

La mamma disse che quella era la *svilata* (_____) dei Mamuthones!

Giacomo ebbe paura e si strinse forte a lei, mentre i Mamuthones procedevano con un passo cadenzato e a ritmi lenti, *squotendo* (_____) i campanacci mediante un colpo di spalla.

Quella sfilata durò a lungo e la sera, rientrò a casa stanco e silenzioso. Il mattino seguente *ando* (_____) a *squola* (_____) e tutti i bambini gli chiesero di raccontare la sua esperienza. Lui con aria triste rispose:

- Ho avuto paura! *Cerano* (_____) delle maschere *sdrane* (_____) chiamate Mamuthones!

La maestra, quel giorno, parlò a tutta la classe dei riti della tradizione sarda. *spiegò* (_____) che la sfilata dei Mamuthones non rappresenta *unallegra* (_____) carnevalata, così come viene concepita nella tradizione della nostra città, ma una solenne *procesione* (_____) composta e ordinata; quasi un corteo religioso! Secondo alcuni studiosi questo rito risalirebbe *alletà* (_____) nuragica come gesto di venerazione per gli animali per *protegersi* (_____) dagli spiriti del male o per propiziarsi il raccolto. Altri studiosi, *invecie* (_____), credono si tratti di un rito che segna il passaggio delle *staggioni* (_____).

I bambini restarono affascinati da questa spiegazione e anche Giacomo si sentì *piu* (_____) sereno. A quel punto la maestra gli chiese:

- Perché hai avuto paura dei Mamuthones e non hai paura di festeggiare Halloween, dove si utilizzano maschere che rappresentano *sceletri* (_____) e mostri?

lui (_____) candidamente rispose:

- Perché festeggio con i miei amici e so chi si nasconde dietro quelle maschere!

La maestra *sorise* (_____) e disse:

- Da grande imparerai che le *mascere* (_____) più pericolose non sono quelle che mettiamo sul viso per le feste di Carnevale, ma sono *cuelle* (_____) che la gente indossa nella vita di tutti i *gorni* (_____)!

giacomo (_____) non capì quella frase, ma fu contento di aver conosciuto il *sinificato* (_____) di una festa tradizionale sarda.

ESERCIZIO 4:

- *Cerchia tutte le parole con l'accento e riscrivile nelle righe che troverai alla fine del testo. Ad esempio: "perché"*
Trova almeno 9 parole con l'accento su un totale di 11!
- *Sottolinea in verde tutti i verbi all'imperfetto. Ad esempio: "osservava".*
Trova almeno 2 verbi su un totale di 3!
- *Sottolinea in giallo tutti i verbi al passato remoto. Ad esempio: "fece"*
Trova almeno 12 verbi su un totale di 15!

IL BATTERIO E LO SCIENZIATO

Tanto tempo fa, uno scienziato molto famoso, fece una scoperta eccezionale! Osservava i batteri al microscopio, quando ad un tratto uno di loro si mise a bussare sul vetrino.

- Ehi signor scienziato, vorrei parlare con lei!

Lo scienziato non credeva ai suoi occhi… anzi, alle sue orecchie!

- Dimmi piccolino, perché vorresti parlare con me?

- Sono stufo di finire nei libri di medicina che parlano di malattie! Devi sapere che noi batteri siamo una famiglia molto grande, e non tutti siamo causa di malattie!

- Di questo sono consapevole!- ribatté lo scienziato.

- Ma non è abbastanza! Noi siamo molto importanti; siamo stati i primi esseri viventi a comparire sul pianeta Terra! Miliardi di anni fa, la Terra era un'enorme palla infuocata. Fu grazie ad una pioggia di meteoriti che cominciò a raffreddarsi! Questa pioggia durò milioni di anni, portò sulla terra minuscole gocce d'acqua e di sali minerali tanto da dare origine ai mari e agli oceani. Fu proprio nell'acqua del mare che comparvero i miei antenati. Si radunarono in colonie dette Stromatoliti e, sfruttando la luce del sole, cominciarono a produrre l'ossigeno che serve a voi per respirare!

- Oh! Ma è bellissimo tutto questo!

- Noi- proseguì il batterio - siamo stati le prime forme di vita sulla Terra e grazie all'ossigeno si sono formati altri organismi pluricellulari: Trilobiti, Pesci, Dinosauri… sino ad arrivare all'Uomo! Abbiamo cioè consentito l'Evoluzione della vita sulla Terra!

- E dimmi, hai le prove di tutto questo?

- Certo! Esistono ancora delle Stromatoliti fossili, in Groenlandia!

- Ora dimmi- chiese lo scienziato - cosa posso fare per te?

- Vorrei che tu riportassi questo nei libri di storia di tutti i bambini perché senza di noi, oggi, non ci sarebbe nessuno… e nemmeno tu!

Lo scienziato ci pensò un attimo e si mise subito a scrivere! Da quel giorno tutti i libri di storia raccontano dell'importante ruolo svolto dai batteri nell'origine della Vita.

Trascrivi qui le parole con l'accento:

Perché,_____

_____

_____

_____

ESERCIZIO 5:

*- Sottolinea in blu le preposizioni semplici che trovi nel testo. Ad esempio: "da".
Fai attenzione perché dove trovi "Fra Nicola", Fra è l'abbreviazione di Frate e non va confusa con la preposizione semplice "fra"!
Trova almeno 40 preposizioni semplici su un totale di 50!
- Sottolinea in rosso le preposizioni articolate che trovi nel testo. Ad esempio: "del".
Trova almeno 15 preposizioni articolate su un totale di 19!*

FRA NICOLA DA GESTURI

A Gesturi, paese della Sardegna di circa mille abitanti, il 5 Agosto del 1882 nacque un bambino di nome Giovanni. Era il penultimo di cinque fratelli. I suoi genitori, Giovanni e Priama, erano contadini di umili condizioni, ma onesti e devoti. A soli cinque anni Giovanni divenne orfano di padre e a tredici anni morì anche sua madre. Da allora lavorò come servo presso il suocero della sorella in cambio solo di cibo e di una piccola stanzetta dove dormire. Frequentò solo le prime classi delle scuole elementari e poi lasciò la scuola per fare il contadino. A quattordici anni ricevette la prima comunione e da allora pregava e si recava spesso in Chiesa. A ventotto anni fu colpito da una grave malattia e fu proprio in questo periodo che la sua fede si fece più fervida. A ventinove anni bussò alla porta del Convento dei Cappuccini e chiese di poter diventare Frate. Padre Martino lo accettò ma volle prima verificare la serietà della vocazione di questo giovane; bastarono pochi mesi per capire che quel giovane era molto devoto a Dio e così nel 1913 Giovanni vestì l'abito di Cappuccino con il nome di Fra

Nicola da Gesturi.

Trascorse la sua vita come questuante, girando per le vie della città per chiedere l'elemosina: tutti erano pronti a dargli qualcosa. Molti gli si avvicinavano per chiedergli un consiglio, un conforto o una preghiera per essere guariti. Lui accoglieva tutti, soprattutto i più poveri.

La sua opera da questuante continuò anche durante la guerra prestando soccorso alle vittime e agli ammalati; era sempre presente ovunque ci fosse bisogno di aiuto.

Uomo sempre riservato, piuttosto basso di statura, dal passo lento, gli occhi abbassati a terra, con la bisaccia e il rosario tra le mani, Fra Nicola girava per le vie della città. Non entrava mai nelle case, ma aspettava sempre sull'uscio.

La sua caratteristica peculiare era il silenzio, tanto da meritare il soprannome di "Frate Silenzio". Pronunciava poche parole e solo per necessità; era il silenzio che parlava a Dio.

Il primo giugno del 1958 si ammalò, fu ricoverato e operato d'urgenza, ma l'otto giugno volò in Paradiso.

La fama della sua santità era grande e migliaia di persone lo accompagnarono nel suo ultimo viaggio.

A Fra Nicola vengono attribuiti numerosi miracoli tanto che il 3 Ottobre 1999 fu dichiarato "Beato" da Papa Giovanni Paolo II. Oggi la Sardegna attende che gli siano riconosciuti altri miracoli affinché l'umile "Servo di Dio" venga proclamato Santo.

ESERCIZIO 6:

- Sottolinea i tutti i verbi poi riscrivili nelle righe che troverai alla fine del testo. Ad esempio: "amava".
Quanti verbi hai trovato?
Trovane almeno 38 su un totale di 49!
- Se vorrai, potrai fare l'analisi dei verbi nel tuo quaderno.
- Se vorrai, potrai fare la rielaborazione del testo nel quaderno utilizzando il discorso indiretto.

IL BAMBINO GOLOSONE

Mario amava tantissimo mangiare i dolci e, proprio per questo, gli veniva spesso il mal di pancia.

Un giorno tornò a casa e, trovando sul tavolo un bel piatto di minestra, disse:

- Mamma scusami, ma non posso mangiare la minestra! In televisione ho sentito dire che per studiare tanto bisogna mangiare i cibi dolci!

Quella sera non mangiò nulla e andò a letto affamato.

Arrivò il babbo e si fece raccontare cosa era successo.

Dopo aver ascoltato le parole della mamma esclamò:

- Mario ha ragione!

Prese la borsa della spesa e andò in negozio ad acquistare tutto il necessario per farlo studiare.

Il bambino credette di aver trovato il giusto modo per mangiare il suo cibo preferito, ma quando il padre tornò a casa fu molto deluso e chiese:

- Papà perché hai comprato tutta questa frutta?

- Tu hai detto che i cibi dolci ti aiuteranno a studiare! - rispose il padre - Eccoti accontentato! La frutta è un cibo che contiene molto zucchero, ma quello sano! Lo zucchero che aiuta il cervello e non fa male alla pancia!

Mario capì che la sua strategia era stata inutile e pensò che mamma e papà, alla fine, hanno sempre ragione!

Trascrivi qui i verbi:
Amava,

ESERCIZIO 7:

- *Correggi le parole sbagliate e riscrivile, in forma corretta, tra le parentesi. Ad esempio: banbina (bambina).*

IL 2 NOVEMBRE

Da *banbina* (_____) la festa che ritenevo più buffa ed originale era il 2 Novembre. Al mio paese era un rito *irinunciabile* (_____).
Il giorno precedente si puliva casa con accuratezza perché il 2 Novembre non si sarebbe potuto *spazare* (_____) o sbattere i tappeti, in quanto "tutti i morti" che venivano a farci visita avrebbero potuto inciampare nelle scope o impolverarsi. Era usanza cucinare, con molto amore, *tuti* (_____) i cibi che i nostri morti *prediligievano* (_____) in vita e la notte, dopo cena, si preparava la tavola con la *tovaia* (_____) più bella, bianca e finemente ricamata. Si apparecchiava con i piatti tipici delle feste, i *bichieri* (_____) e tutte le pietanze; le posate non andavano messe perché "i nostri morti" avrebbero potuto farsi male!
Tutte queste *lecornie* (_____) poi, le avremo mangiate a pranzo, il 2 Novembre, con gli zii, le zie e i cugini.
Oni (_____) anno seguivo questi preparativi, immaginando danze notturne e banchetti festosi dei cari che non *cerano* (_____) più.
Era, insomma, un modo tenero e romantico per ricordarli.
La sera noi bambini giravamo per le case del paese, senza alcun travestimento, a chiedere il cibo per le anime: melagrane, noci, castagne e mele. *Cualcuno*

(_____) donava anche i dolci tipici per i morti: "le Papassine" che puntualmente arrivavano a casa in briciole, ma erano buone ugualmente.

Oggi, dopo *quarantanni* (_____), questa festa esiste solo nei miei ricordi *perche* (_____) *cuella* (_____) che tutti conoscono come Halloween è una festa dove i bambini si travestono in modo macabro, bussano alle porte *dele* (_____) case e spesso, dietro la maschera o la frase "Dolcetto o scherzetto?", si *difertono* (_____) a fare gesti insignificanti come il lancio di uova marce. Forse non sanno, o forse dimenticano, che dietro quelle porte, *cè* (_____) chi desidera ricordare i propri morti con un gesto, una preghiera o talvolta solo con il silenzio.

ESERCIZIO 8:

- Sottolinea tutte le parole con le doppie presenti nel testo e riscrivile nelle righe che troverai alla fine del testo.
Ad esempio: "asinello".
Quante parole hai trovato?
Trovane almeno 46 su un totale di 52!

DOMENICO E IL SUO ASINELLO

Domenico era un contadino e vendeva i prodotti del suo orticello lungo le vie del mio paese.

Camminava a passo lento, un po' zoppicante, accompagnato da un asinello che portava sul dorso due ceste ricolme di verdure.

Ogni giorno si svegliava all'alba, andava in campagna a riempire le ceste, poi di rientro verso casa svegliava tutti urlando: - Forza venite a vedere! Vi ho portato le verdure fresche!

Il suo lavoro rappresentava il vero passaggio "dal produttore al consumatore" e i suoi prodotti non avevano bisogno neppure dell'etichetta "BIO" per testimoniare l'assenza dei pesticidi; te ne accorgevi quando, aprendo le foglie della lattuga, trovavi qualche gioioso lombrico saltellante che, ignaro della sua sorte, si era fermato lì a fare uno spuntino o a dissetarsi.

Una mattina mia nonna fermò Domenico perché desiderava che io, mio fratello e i miei cugini facessimo la foto accanto all'asinello.

Non so perché ci tenesse così tanto, ma oggi, riguardando gli album di famiglia, tra le poche foto d'infanzia che testimoniano cerimonie quali battesimi, cresime e compleanni, ci sono anche quelle accanto ai fiori, agli animali e, immancabile, la foto con l'asinello!

Mia nonna non aveva la cultura e, forse, neppure i soldi per i viaggi. Ricordo che vestiva sempre di nero, in segno di lutto, come se la sua vita si fosse fermata con la morte del marito. Aveva frequentato solo la terza elementare, ma quello era il suo modo tenero e simpatico di trasmetterci l'amore per la natura.

Oggi io vivo e lavoro a Cagliari come insegnante di scuola primaria e quando i miei alunni mi mostrano le foto dei loro viaggi in giro per il mondo, sorrido pensando che alla loro età, io e i miei cugini, non avevamo ancora preso l'aereo, conoscevamo il mondo solo attraverso i libri e la nostra vera star era l'asinello di Domenico!

Trascrivi qui le parole con le consonanti doppie:
Asinello,

ESERCIZIO 9:

- Sottolinea tutte le parole con l'accento e riscrivile nelle righe che troverai alla fine del testo. Ad esempio: "andò".
Trova almeno 14 parole con l'accento su un totale di 16!
- Cerchia tutti gli articoli indeterminativi. Ad esempio: "un"
Trova almeno 8 articoli indeterminativi su un totale di 11!

SA MAMA 'E SU SOLE (LA MAMMA DEL SOLE)

Giuseppe era un bambino di otto anni che viveva in un paesino del centro Sardegna. Ogni estate, dopo la chiusura della scuola, passava il pomeriggio a sfrecciare in bicicletta nelle vie del paese con il suo amico Efisio.

Si divertivano da matti! In quelle ore di caldo non c'era nessuno. Spesso le temperature superavano i quaranta gradi e la gente si ritirava al fresco delle proprie case.

Un giorno Giuseppe andò a chiamare il suo caro amico per il solito giro in paese, ma Efisio si rifiutò di uscire; sua nonna gli aveva detto che a quell'ora girava "Sa Mama 'e su Sole" che inseguiva i bambini disobbedienti per punirli.

Giuseppe non credeva a queste cose e incurante dei rimproveri di sua madre e delle paure del suo amico, continuava a sfrecciare in bicicletta. Quella sera però cominciò a sentire i brividi di freddo. La mamma lo mise subito a letto, chiamò il dottore, il quale confermò che Giuseppe aveva la febbre e che sarebbe dovuto stare a riposo per qualche giorno.

- È stata "Sa Mama 'e su Sole"! - urlava Giuseppe.
- È stata lei! Lo ha detto la nonna di Efisio!

Tutti pensarono che stesse delirando. Solo la sua anziana nonna capì il significato di quelle parole e disse:

- In Sardegna esiste una leggenda che narra di una donna bellissima che appare d'estate dopo mezzogiorno fino alle sedici circa, le ore più calde della giornata. La leggenda dice che se "Sa Mama 'e su Sole" incontra un bambino per strada a giocare, disobbedendo ai genitori, lo rincorre sino a raggiungerlo, gli tocca la fronte lasciandogli un segno e subito il bambino viene assalito da una febbre che dura alcuni giorni.

Vedi Giuseppe quella è solo una leggenda, ma ha un fondo di verità. Il caldo sole d'estate può provocarti un'insolazione e darti la febbre; oggi ne hai avuto la prova!

Allora la mamma sorrise e gli disse:

- Stai tranquillo! L'unico segno in fronte che riceverai stasera sarà il mio bacio che ti darò nonostante tu sia stato disobbediente. E ti prometto che te ne darò tanti altri sino a farti guarire.

Trascrivi qui le parole con l'accento:
Andò,_____
_____
_____
_____
_____
_____
_____

ESERCIZIO 10:

- Sottolinea in rosso tutti gli articoli determinativi.
Ad esempio: "i"
Trova almeno 10 articoli determinativi su un totale di 13!
- Sottolinea in blu gli articoli indeterminativi.
Ad esempio: "una"
Trova almeno 5 articoli indeterminativi su un totale di 7!

UNA LEZIONE DI CIVILTÀ.

In una città della Germania, ogni mattina c'era un gran chiasso di auto impazzite, automobilisti frettolosi che litigavano per i parcheggi e pedoni impertinenti che attraversavano senza badare alle strisce pedonali.

I semafori della città, stanchi di assistere a queste scene, si misero d'accordo per dare a tutti una bella lezione.

Una mattina, coloro che si affrettavano lungo le strade della città, trovarono i semafori addormentati con un occhio rosso acceso e dovettero fermarsi. Si fermò l'auto del sindaco, quella della maestra, la moto del fornaio e il pulmino della scuola. Tutti attendevano che quei semafori si decidessero ad accendere l'occhio verde e a dare il via libera, arrabbiandosi e urlando a squarciagola, ma i minuti passavano e niente succedeva.

A un certo punto nessuno ebbe più voglia di urlare e di arrabbiarsi; si fermarono e chiacchierarono amichevolmente. Fu allora che i semafori, vedendo che in città era tornata l'armonia, decisero di svegliarsi e di regolare serenamente il traffico delle automobili e dei pedoni.

ESERCIZIO 11:

- Sottolinea le parole errate, correggile e riscrivile nelle righe che troverai alla fine del testo.
Ad esempio: "cè" (errato) diventerà "c'è" (corretto)
Quante parole errate hai trovato?
Trovane almeno 15 su un totale di 19!

ANTONIO E LE SUE POESIE

In Sardegna cè una storia meravigliosa che forse in pochi conoscono. E la storia di uomo di nome antonio, innamorato della sua Terra e delle sua poesie in lingua sarda.

Era cosi appassionato della lingua e delle poesie in lingua sarda che andava in ghiro per le feste popolari, ascoltava le poesie della tradizione che venivano improvisate durante le feste e le trasgriveva nei suoi quaderni. Li publicava a sue spese e poi li vendeva in giro per le piazze.

Girava lisola con una Panda vecchia e mal funzionante.

Dormiva li insieme a una valigia di cartone piena di libretti; era la sua casa e la sua libreria viagghiante.

Partecipava ad ogni festa paesana dove stendeva un lenzuolo bianco, posava sopra i suoi libretti di poesie e li vendeva guadagniandoci poco o nulla, ma ad Antonio non interessava il guadagno; interessava pramandare la lingua sarda attraverso le poesie!

Lo a sempre fatto in silenzio sino al gorno della sua morte avvenuta nel 2003, alletà di settantotto anni.

Oggi, quella valiga di cartone, è diventata la memoria più preziosa della cultura sarda e viene custodita gelosamente nel museo della citta.

Trascrivi qui le parole dopo averle corrette

C'è,

ESERCIZIO 12:

- Leggi il testo poi rielabora sul quaderno. Ricorda che nella rielaborazione dovrai utilizzare il discorso indiretto!

IL SEGRETO DELLA FELICITÀ

Un giorno, nel cortile della scuola avvenne un fatto davvero brutto. Durante l'ora di ricreazione i bambini giocavano ad acchiappare. Era un gioco ad eliminazione e solo uno di loro sarebbe stato il vincitore!

A un certo punto Luigi diede un calcio a Marco. Intervennero Federico e Luca in difesa di Marco e gettarono a terra Luigi. Prima che si scatenasse il finimondo, la maestra intervenne e portò in classe i suoi alunni.

I bambini cercarono di spiegare il loro comportamento, ma lei non volle sentire nessuna giustificazione; chiese ad ognuno di loro di scrivere, su un foglio, il comportamento peggiore messo in atto in quella giornata.

Luigi scrisse:

- Ho dato un calcio a Marco perché mi ha guardato con aria di sfida!

Marco scrisse:

- Ho riso di Luigi perché volevo scherzare!

Federico e Luca scrissero:

- Ho spinto a terra Luigi perché volevo difendere Marco.

La maestra prese i fogli e strappò la parte che iniziava con la parolina "perchè" e poi li riconsegnò a ciascun bambino dicendo di riflettere sulle loro azioni.

Luigi disse:

- Ho dato un calcio a Marco.

Marco sussurrò:

- Ho preso in giro Marco.

Federico e Luca dissero:

- Ho spinto a terra Luigi.

I bambini rilessero quelle frasi e capirono quanto fossero stati offensivi quei gesti; come era potuto succedere?

- Maestra perché hai strappato la parte dove ciascuno di noi spiega il motivo del suo gesto?- chiese Luca.

Lei si sedette accanto a loro e con voce pacata rispose:

- Perché la violenza non ha nessuna giustificazione. Un gesto violento richiama altra violenza e le conseguenze possono essere molto più gravi del gesto che lo ha generato!

Imparate a rispettare ogni persona che incontrate nel vostro cammino; questo è il segreto della felicità.

ESERCIZIO 13:

*- Sottolinea in verde tutte le parole che contengono **sc**.*
Ad esempio: "bosco".
*- Sottolinea in giallo tutte le parole che contengono **st**.*
Ad esempio: "storia".
*- Sottolinea in rosso tutte le parole che contengono **gl**.*
Ad esempio: "meraviglioso".
*- Sottolinea in blu tutte le parole che contengono **gn**.*
Ad esempio: "ogni".
Sottolinea almeno 18 parole su un totale di 20!
Se vorrai, potrai riscriverle nel tuo quaderno e fare la divisione in sillabe!

LA STORIA DELL'ALBERO

Fabio era un bambino di dieci anni che amava tanto girare per i boschi. Un pomeriggio d'estate si addormentò sotto un grande albero. A un certo punto sentì una vocina:

- Ciao Fabio, come stai? Io sono il vecchio albero del bosco!
- Ma allora tu sei vivo!- esclamò meravigliato Fabio.
- Sì, io respiro, mi nutro, cresco, invecchio e muoio.
- Hai paura di morire?- chiese Fabio.
- Assolutamente no! Quando morirò, con i miei rami riscalderò le persone con il fuoco del camino mentre con il mio tronco darò vita agli arredi delle case e agli strumenti musicali. Ma soprattutto darò vita a quei fogli di carta che voi usate nei

vostri quaderni e che sfogliate quando leggete un libro! E ti svelo un altro segreto; la mia carta può essere riciclata! Quindi anche dopo l'utilizzo potrò essere rilavorata per dar vita ad altri oggetti di carta!

Fabio lo guardò stupito. Non avrebbe mai pensato che un albero potesse essere così utile. Decise di portare a scuola un grande contenitore dove raccogliere tutti i fogli usati perché potessero essere riciclati.

Aveva capito che quello era il modo migliore per mantenere sempre vivo il suo amico albero.

ESERCIZIO 14:

- Sottolinea tutte le parole contenenti consonanti doppie e riscrivile nelle righe che troverai alla fine del testo.
Ad esempio: "angioletto", "della".
Trova almeno 32 parole su un totale di 42!
Se vorrai potrai riscrivere le parole nel tuo quaderno e fare la divisione in sillabe!
Ad esempio: an/gio/let/to, del/la.

UN ANGIOLETTO DI NOME LORENZO

Qualche anno fa, a Taranto, una bella città della Puglia che si affaccia sul mare, viveva una signora di nome Ilia.

Ilia era una donna di circa sessant'anni, bella ed elegante. Amava l'arte e in gioventù aveva insegnato nei licei.

Era rimasta vedova molto presto e aveva cresciuto da sola due splendidi figli che ora non vivevano più con lei; si erano trasferiti in altre città per motivi di lavoro, ma ogni fine settimana andavano a trovarla.

Un brutto giorno Ilia si ammalò e dopo pochi mesi salì al cielo lasciando una profonda tristezza nei figli e in tutti coloro che la conoscevano. Una volta arrivata in Paradiso le capitò di parlare con Dio.

- Signore mio Dio, perché mi hai voluto in Cielo così presto?- chiese.

- Perché ho bisogno del tuo aiuto nel crescere questi angioletti!- rispose il Signore mostrandole una distesa infinita dove giocavano i piccoli angeli. Ilia ne fu entusiasta e iniziò il suo lavoro con amore materno. Si affezionò in particolare a uno di loro di nome Lorenzo. Lorenzo era un po' dormiglione ma molto affettuoso, così andò dal Signore e Gli disse:

- Signore mio Dio vorrei che tu mandassi questo angioletto sulla Terra a fare compagnia a mia figlia! Lei dovrà affrontare delle prove molto difficili in questi anni e avrà bisogno di lui!

Il Signore acconsentì e fu così che Lorenzo scese sulla Terra.

Nacque il 21 di Marzo 2012 e portò una grande gioia a tutta la famiglia.

Nacque il giorno in cui si festeggia l'inizio della primavera, quando il Sole abbraccia la Terra e il suo calore risveglia la natura, per ricordarci che nella nostra vita non importa quanto lungo e freddo sia stato l'inverno; ci sarà sempre una nuova primavera che ci attende per riscaldarci il cuore.

Trascrivi qui le lettere con le consonanti doppie:
Angioletto,_____
_____
_____
_____
_____
_____
_____
_____
_____
_____
_____

ESERCIZIO 15:

- *Correggi le parole sbagliate e riscrivile, in forma corretta, tra le parentesi. Ad esempio camilla (Camilla)*

IL CICLO DELL'ACQUA

camilla (_____) era una bambina di otto anni che *frecuentava* (_____) la classe terza della scuola primaria. Amava la scuola, i compagni e soprattutto amava imparare tante informazioni che riassumeva minuziosamente ai suoi genitori.

Un giorno, *pero* (_____), terminò la *lezzione* (_____) insoddisfatta; aveva sentito dire dalla maestra che *lacqua* (_____) che forma i nostri mari e i nostri oceani esiste da miliardi di anni!

- Ma *comè* (_____) possibile?- pensava Camilla.

Tornò a casa, raccontò tutto alla mamma e si mise subito alla ricerca di informazioni su internet. Le sue ricerche diedero lo stesso esito: "l'*aqua* (_____) che forma i nostri mari e i nostri oceani esiste da miliardi di anni".

Quella notte non riuscì a dormire!

Il mattino seguente *linsegnante* (_____) di *scenze* (_____) portò a scuola un fornello elettrico, una pentola e un coperchio.

Accese il fornello, vi posizionò una pentola d'acqua e preparò la *lavagnia*

(_____) per la *spiegazzione* (_____). Dopo qualche minuto l'acqua cominciò a bollire e dalla pentola uscì una grande nuvola di vapore. A quel punto mise il *copercio* (_____) sulla pentola e tutti i bambini videro il vapore condensarsi in enormi gocce d'acqua.

L'insegnante disse che questo fenomeno avviene anche nei nostri mari e nei nostri *ocieani* (_____); grazie al calore del sole l'acqua evapora e sale in alto nel cielo, dove, scontrandosi con *laria* (_____) fredda, forma le nuvole. *queste* (_____) enormi masse d'acqua torneranno poi sulla Terra sotto forma di pioggia.

Ecco svelato il mistero!

Camilla rientrò a casa felice *perche* (_____) aveva imparato *unaltra* (_____) informazione utile a comprendere il miracolo della vita.

ESERCIZIO 16:

- Sottolinea tutti i nomi comuni di persona, animale o cosa presenti nel testo e riscrivili nelle righe che troverai alla fine del racconto. Attenzione: ti chiedo di sottolineare soltanto quelli scritti al plurale! Ad esempio: "anni".
Dovrai trovarne almeno 18 su un totale di 23!
Se vorrai, potrai fare l'analisi grammaticale dei nomi sul tuo quaderno.

IL SOGNO DI MARIO

Mario aveva sette anni quando nel 2020 il Covid fece la sua comparsa nel mondo. Fu un anno molto difficile da affrontare per adulti e bambini. Molti persero il lavoro e lui perse la possibilità di vedere i suoi compagni di classe per ben tre mesi! Le scuole erano chiuse e si faceva la didattica a distanza. Ma la didattica distanza non gli piaceva; desiderava sentire le voci dei compagni, le loro risate, incrociare i loro sguardi, sentire le spiegazioni delle maestre e, qualche volta, sentirne anche i rimproveri!
A Settembre il Sindaco annunciò che avrebbero riaperto le scuole. Mario fu felicissimo! Sapeva che molte cose sarebbero cambiate: l'obbligo di tenere le mascherine, la distanza tra i compagni, i banchi monoposto, l'impossibilità di fare giochi di squadra… tante regole e tanti divieti ma l'importante era stare con i compagni!
Un giorno si addormentò e sognò di ritrovarsi nell'anno 2022. Un anno bellissimo! Il Covid era scomparso e tutti potevano abbracciarsi e stare insieme.

Si poteva fare festa, ballare e giocare con tanti amici.

Era fantastico!

Ad un tratto la sveglia suonò e lui dovette risvegliarsi.

Come ogni giorno, dopo la doccia fece colazione, preparò il suo zaino e si mise la mascherina. Era stato solo un sogno, ma Mario era felice perché in cuor suo sapeva che quel sogno si sarebbe avverato.

Esercizio:

Anni,_____

ESERCIZIO 17:

- Correggi le parole sbagliate e riscrivile, in forma corretta, tra le parentesi.
Ad esempio: <u>Cera</u> (C'era).

L'AMORE CHE CURA

Cera (_____) una volta una signora di nome *germana* (Germana) che viveva in un paesino di pochi abitanti, al centro della Sardegna. Aveva *settantanni* (_____) ed era molto sola e triste; sua figlia e i suoi nipoti vivevano in Australia e non li vedeva molti anni. Da quando erano partiti non usciva *piu* (_____) di casa, non vedeva più il sole e la sua vita era diventata *davero* (_____) grigia! La casa era *griga* (_____), i vestiti erano *ghigi* (_____) e persino i fiori del suo giardino! E pensate che quando apriva le *finesdre* (_____) della sua casa, anche il sole aveva paura di entrare per portare un *po* (_____) di luce!

Un giorno sentì dire al telegiornale che il sindaco aveva trasformato una *veccia* (_____) casa abbandonata in un *orfanogrofio* (orfanotrofio). Sentì subito il suo cuore battere forte. Qualcosa si era *risveiato* (_____) dentro di lei come un raggio di sole che lentamente cominciava a riscaldare. Cominciò a portar giù dalla *sofitta* (_____) tutti i vestitini che aveva comprato per nipotini e che non aveva mai potuto *consegniare* (_____)… e poi giocattoli, coperte e *scharpe* (_____)!

Mentre riempiva gli scatoloni, pian pianino la casa cominciava a *riacquistare*

(_____) i suoi colori; le pareti color *arancone* (_____) come il sole al tramonto, i mobili verdi come i prati e le tende celesti come il *celo* (_____)!

Ma non le *semprava* (_____) abbastanza. Decise di preparare delle *cianbelle* (_____) e…che sorpresa! *Senti* (_____) nuovamente il profumo delle cose buone che preparava quando *cerano* (_____) i suoi nipotini!

Quando andò all'orfanotrofio a portare i doni fu accerchiata da *tantisimi* (_____) bambini che le donavano baci, abbracci e sorrisi.

Il suo cuore si riempì di *gioglia* (_____). Era da tanto che non si sentiva così felice!

Da quel giorno decise di passare le sue *sarate* (_____) in loro *compagna* (_____) per leggere delle fiabe.

Una sera, mentre stava andando via, un bambino le chiese come mai facesse tutto questo senza ricevere nulla in cambio. Germana sorridendo rispose:

- Forse sei troppo piccolo per capire, ma ricorda che un *sempice* (_____) gesto di generosità genera un'onda d'amore infinito che tornerà a chi lo ha donato!

Oggi mi state regalando quello che pensavo di aver perso: *lamore* (_____)! Domani, quando sarete grandi e non sarò *piu* (_____) con voi, seguirete *lesempio* (_____) che vi ho dato. Saprete donare amore a chi ne avrà bisogno e *cosi* (_____) terrete il mio ricordo sempre vivo dentro di voi.

ESERCIZIO 18:

- Sottolinea le parole errate, correggile e riscrivile nelle righe che troverai alla fine del testo. Ad esempio: "atenzione" diventerà "attenzione."
Quante parole errate hai trovato? Dovrai trovarne almeno 28 su un totale di 34!

LA FORZA DELLA NATURA

Un giorno la maestra lesse una storiella ai bambini della sua classe e tutti ascoltarono con atenzione:
- Cera una terra in mezzo al mare, distante da tutto e povera dacqua. Era talmente povera dacqua che i letti dei fiumi erano schomparsi e non si sapeva neanche piu che un tempo erano stati i letti dei fiumi. E quelle che erano le foci dei fiumi venivano confuse con le insenature del mare.
In questa terra in mezzo al mare dove l'aqua non cera, non crescievano più gli alberi forti e robusti che un tempo abracciavano le montagnie. Era talmente arida che, quando pioveva, era come se piovesse sulla rocca.
Un giorno una famiglia di pastori, ignara dei pericoli, si trasferì in quelle vallate cercando un pezzo di terra dove poter allevare il suo greggie. E con loro si trasferirono tante altre familie. Cospruirono le case, i ponti e le strade lungo i vecchi letti dei fiumi ormai scomparsi e vivevano sereni nel loro villagio. Vivevano di pastorizia , alevamento e dei prodotti della trasformazione del latte.
Passarono gli anni e un bruto giorno arrivò un temporale così forte che costrinse la gente a fugghire dalle case.

La terra non assorbiva più l'acqua che, accumulandosi nel terreno, scendeva a valle come un fiume, portando con se il fango delle montagnie e travolgendo tutto ciò che trovava. Il fiume cercava la sua strada verso il mare su quei vecchi letti dimenticati portando via tutto cio che trovava nel suo cammino: case, ponti, spiaggie e strade. La gente si salvò cercando riparo nei villaggi vicini, ma le loro case furono distrutte.

Lorenzo ascoltava la storia e interruppe la maestra chiedendo:

- Perche la natura è stata così cattiva con quelle persone? Perché ha distrutto le loro case?

La maestra disse:

- lorenzo, se tu andassi via dalla tua casa per cualche anno e al tuo rientro trovasi delle persone sconosciute che vivono serenamente nella casa che hai lasciato, cosa faresti?

- Chiederei gentilmente di andar via... magari le aiuterei a trovare altre case... insomma cercherei in tutti i modi di riprendere i miei spazi!

- Ecco, la natura ha fatto proprio questo. dapprima la pioggia ha dato dei piccoli segnali: frane e smotamenti del terreno. Negli anni ha dato dei segnali più importanti: ha riempito le strade allagandole come dei fiumi, ma la gente continuava a vivere in quel villaggio ignara dei pericoli più grandi che afrebbe potuto trovare. Un brutto giorno però, il fiume ha ripreso il suo cammino lungo il suo letto abbandonato portando via con se anche le case.

A quel punto Lorenzo disse:

- Là natura non è cattiva ma insegna che dobiamo sempre rispettare tutto cio che ci offre.

Trascrivi qui le parole dopo averle corrette:
Attenzione,

ESERCIZIO 19:

- *Sottolinea in rosso gli articoli determinativi presenti nel testo. Ricorda: il, lo, la, i, gli, le.*
Fai attenzione a non confonderli con i pronomi personali!
Trovane almeno 34 su un totale di 44!
- *Sottolinea in verde gli aggettivi possessivi presenti nel testo.*
Trovane almeno 10 su un totale di 13!

LOLLÒ

La sorella di mia nonna si chiamava Elisabetta, ma noi l'abbiamo sempre chiamata Lollò, come succede quando i bambini, non riuscendo a pronunciare un nome, lo trasformano.

Ecco, in quel caso, quella trasformazione era diventata il suo vero nome.

Era nata in una famiglia di contadini ed era la più piccola di cinque figli. Pare che da bambina abbia frequentato la scuola elementare con ottimi risultati e che abbia ripetuto due volte la terza elementare perché i genitori non sapevano dove e con chi lasciare la bambina durante il lavoro nei campi.

Lollò era una donna molto piccola di statura, ma molto bella, gentile e amorevole con tutti; nei trent'anni che ho vissuto accanto alla sua casa penso di non averla mai vista arrabbiata.

La sua casa era un parco giochi per tutti i bambini del vicinato. Non c'erano i giochi che oggi si comprano nei negozi, ma c'era la vita vera! Ricordo bene il pollaio, dove si poteva dar da mangiare alle galline e raccogliere le uova; il granaio, dove i bambini giocavano a costruire castelli e nuotavano in mezzo al grano; la fontana, da cui attingere l'acqua per innaffiare l'immenso giardino durante le estati calde ; le anatre, di cui avevamo sentito parlare solo sui libri!

A fine agosto arrivavano anche le mandorle! E il mio ricordo va alle serate estive, quando, seduti attorno a un tavolo per separare le mandorle dai gusci, ci si divertiva a raccontare gli aneddoti dei nostri avi.

E che dire del trattore dove noi bambini avevamo l'onore di sedere quando, in periodo di vendemmia, si tornava dalla campagna con le cassette piene di uva? Passavamo il viaggio ad allontanare le vespe che ci ronzavano nelle orecchie!

C'era sempre tanto da fare e tanto da dare perché Lollò era molto generosa con tutti.

Non so bene come e quando iniziò il suo declino, so solo che un giorno mi dissero che aveva l'Alzheimer. Io ormai mi ero trasferita a Cagliari per studiare.

Lollò iniziò a non ricordare più e a non avere appetito. Allora le dissi che l'avrei portata a Roma a vedere il Papa e questo la convinse, ancora per poco, a mangiare.

Per rendere la cosa più credibile le comprai un cappellino con i fiorellini e delle scarpe colorate dicendole che quelle sarebbero servite per andare nella città del Vaticano; lei mi guardava e sorrideva.

Poi arrivò la debolezza, il ricovero in ospedale e il suo cuore si indebolì.

Una mattina pensai di preparare tutto per andare a trovarla. Passarono pochi minuti e cominciai a sentire un forte dolore al cuore. Mi sedetti e aspettai che si calmasse prima di riprendere il viaggio, ma lei mi aveva preceduto. Dall'ospedale chiamarono per dirmi che era volata in cielo; il suo cuore era ormai stanco.

Non so se esiste qualcosa che lega le persone anche se sono distanti; credo però che quel dolore al cuore non fosse casuale. Per me fu come un sentire il suo dolore dentro il mio cuore.

Due mesi dopo la sua scomparsa, anche Papa Giovanni Paolo II volò in Cielo e oggi io immagino Lollò seduta al Suo fianco, vestita col cappellino a fiori e le scarpette eleganti, a pregare e a regalare sorrisi come faceva qui sulla Terra.

Grazie per aver completato anche questa sezione!

Ora potrai compilare e conservare il tuo

ATTESTATO DI MERITO!

Diploma di merito

Conferito a _____

Nato/a__a_____il_____

In data _____Frequentante la classe _____della Scuola _____

Per il lodevole impegno dimostrato nella lettura, nella comprensione del testo e negli esercizi grammaticali presenti nel libro "Storie da leggere, storie da correggere".

Complimenti!
Stefania Cuccu

Note sull'Autore

Stefania Cuccu – Docente e formatrice

Stefania Cuccu nasce a Gesturi, paese della Sardegna di circa mille abitanti, il 15.09.1973 dove vive sino all'età di diciotto anni.

Nel 1992 si trasferisce a Cagliari per studiare presso la Facoltà di Psicologia laureandosi nel 1998.

Nel 1999 si trasferisce a Roma per la specializzazione post laurea e inizia la sua carriera nel campo della formazione professionale.

Dal 2002 ad oggi vive in Sardegna dove lavora come insegnante di scuola primaria e, nel tempo libero, scrive libri per "bambini di tutte le età".

Autrice di vari libri di grammatica dedicati agli alunni delle scuole primarie e medie che potrete trovare su Amazon.

Autrice di libri dedicati alla Sardegna:

"Figli di Sardegna, racconti di vita I" Febbraio 2022
- *"Figli di Sardegna, racconti di vita II"* Nov. 2022
- *"Figli di Sardegna, racconti di vita III"* Maggio 2023
- *"Gesturi, ricordi d'infanzia"* (seconda pubblicazione) Agosto 2023

Potrete contattare l'autrice all'indirizzo mail:
stefaniacuccu@gmail.com

PREFAZIONE di Stefania Cuccu	I
La mia maestra	3
Nonno Abete e i suoi amici	5
I Mamuthones	7
Il batterio e lo scienziato	9
Fra Nicola da Gesturi	11
Il bambino golosone	13
Il 2 Novembre	15
Domenico e il suo asinello	17
Sa Mama 'e su Sole	19
Una lezione di civiltà	21
Antonio e le sue poesie	23
Il segreto della felicità	25
La storia dell'albero	27
Un angioletto di nome Lorenzo	29
Il ciclo dell'acqua	31
Il sogno di Mario	33
L'amore che cura	35
La forza della natura	37
Lollò	39

Copyright

Codice ISBN: **9798861663694**

Nessuna parte di questo lavoro può essere utilizzata, modificata o trasmessa in alcuna forma o con l'utilizzo di alcun mezzo (elettronico, meccanico o simili) o riprodotta in alcuna maniera senza il permesso scritto dell'autore, esclusi i casi della breve citazione utilizzabile in recensioni e articoli.

Prima edizione Marzo 2023
Stefania Cuccu

Printed by Amazon Italia Logistica S.r.l.
Torrazza Piemonte (TO), Italy

54809434R00058